HAL•LEONARD

ProVocal®
BETTER THAN KARAOKE!

VOLUME

Jazz Vocal
Standards
FEATURING JUDY NIEMACK

Cover Photo © NEXT BERLIN

ISBN-13: 978-1-4234-5318-5

HAL•LEONARD®
CORPORATION
7777 W. BLUEMOUND RD. P.O. BOX 13819 MILWAUKEE, WI 53213

Visit Hal Leonard Online at
www.halleonard.com

I designed this recording as an introduction to jazz singing and vocal improvisation, using 10 popular standards. It includes ballads, bossa-nova, samba, and medium swing grooves.

Jazz is music made up of theme and variation. After you learn the original melody, start varying your singing by freeing up the rhythm, using the lyrics to inspire you. Then try learning one of my scat solos as a theme to improvise with. Feel free to experiment, and listen to the band – that's what jazz is all about!

The rhythm section, recorded in New York City, includes pianist Fred Hersch, bassist Scott Colley, and drummer Dick Weller. I'm sure you'll enjoy singing with them; they're top players on the jazz scene today.

Have fun singing jazz!

JUDY NIEMACK

Jazz Vocal Standards
FEATURING JUDY NIEMACK

CONTENTS

PAGE	TITLE	DEMO TRACK	SING-ALONG TRACK
4	ALL OF ME	1	11
12	BYE BYE BLACKBIRD	2	12
18	LOVER MAN (OH, WHERE CAN YOU BE?)	3	13
22	LULLABY OF BIRDLAND	4	14
29	MISTY	5	15
34	MY FUNNY VALENTINE	6	16
38	ONE NOTE SAMBA (SAMBA DE UMA NOTA SO)	7	17
52	TEACH ME TONIGHT	8	18
45	WAVE	9	19
56	YOU'D BE SO NICE TO COME HOME TO	10	20

All of Me

Words and Music by Seymour Simons and Gerald Marks

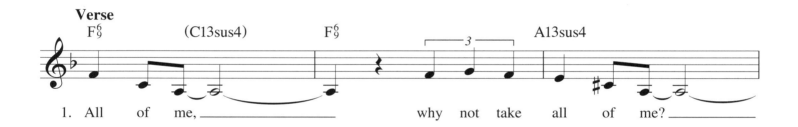

1. All of me, ____ why not take all of me? ____

____ Can't you see I'm no good with -

out ____ you? ____ Take my lips, ____

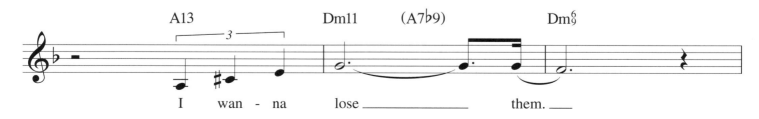

I wan - na lose ____ them. ____

Swee - va - voh - voh - voh - voh - vool - ya - ga - vay - ga - voo - gow, swa -

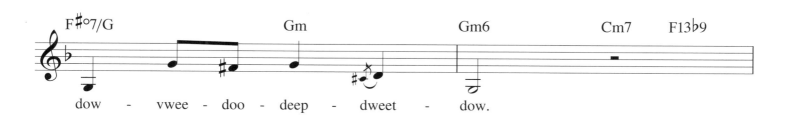

dow - vwee - doo - deep - dweet - dow.

Swee - doo - day - a - day - yoo - da, _____

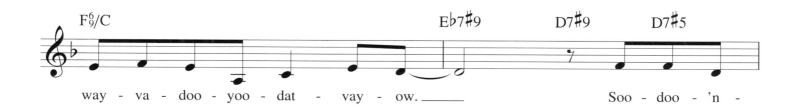

way - va - doo - yoo - dat - vay - ow. _____ Soo - doo - 'n -

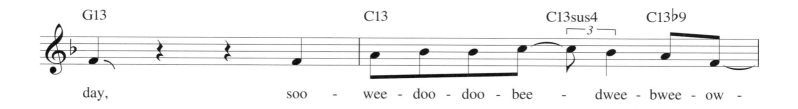

day, soo - wee - doo - doo - bee - dwee - bwee - ow -

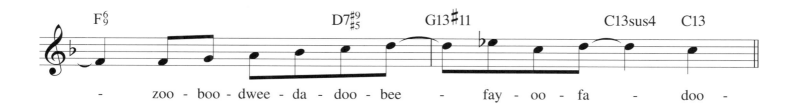

- zoo - boo - dwee - da - doo - bee - fay - oo - fa - doo -

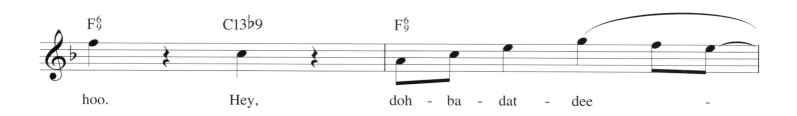

hoo. Hey, doh - ba - dat - dee -

- da - va - bwee - ah - doo - va - doop - dwee - dow.

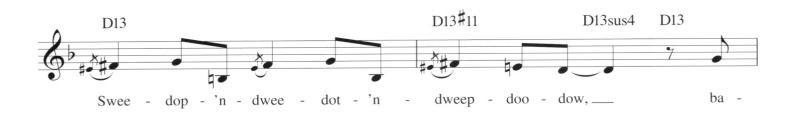

Swee - dop - 'n - dwee - dot - 'n - dweep - doo - dow, ___ ba -

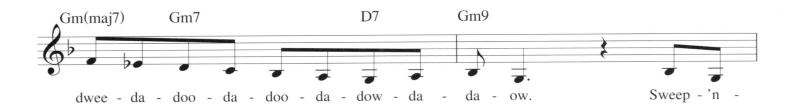

dwee - da - doo - da - doo - da - dow - da - da - ow. Sweep - 'n -

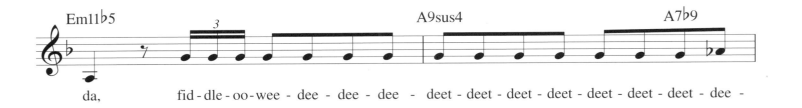

da, fid - dle - oo - wee - dee - dee - dee - deet - deet - deet - deet - deet - deet - deet - dee -

oo - da - doh - 'n - dow. Bo - da - va -

vwee - day - da - va - vop - swee - day - doo - da, doh -

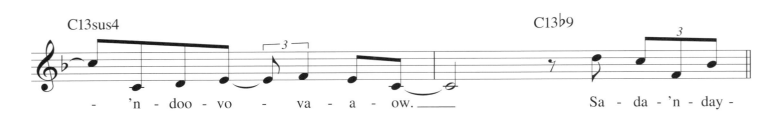

- 'n - doo - vo - va - a - ow. ___ Sa - da - 'n - day -

10

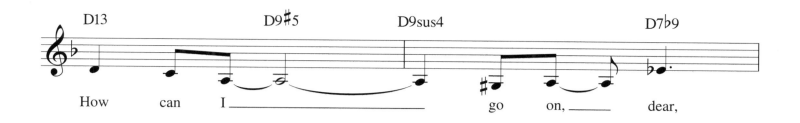

How can I _____ go on, _____ dear,

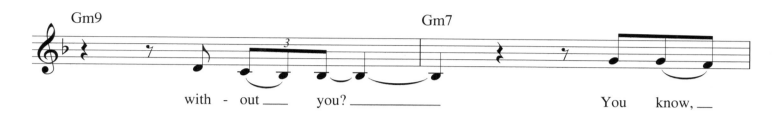

with - out ___ you? _____ You know, ___

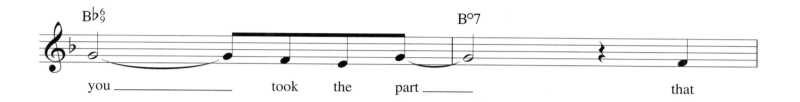

you _____ took the part _____ that

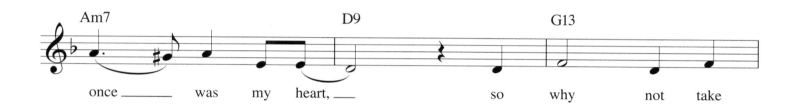

once _____ was my heart, ___ so why not take

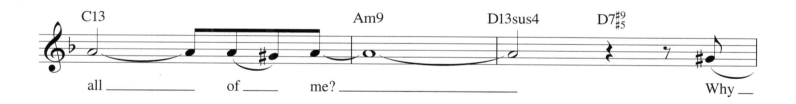

all _____ of ___ me? _____ Why ___

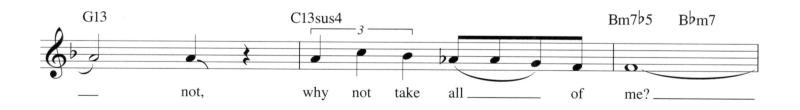

___ not, why not take all _____ of ___ me? _____

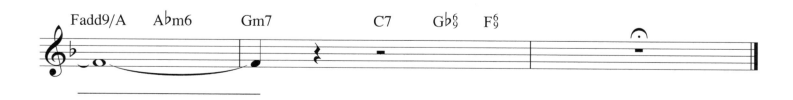

Bye Bye Blackbird

Lyric by Mort Dixon
Music by Ray Henderson

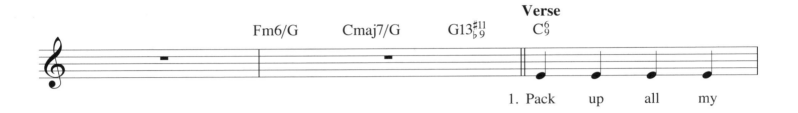

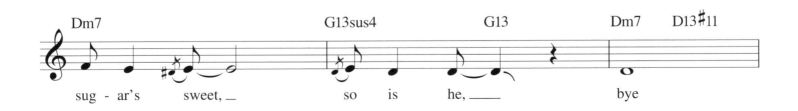

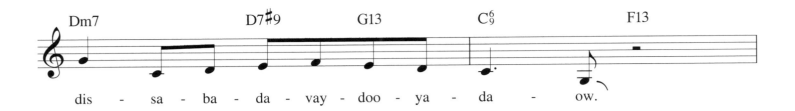

dis - sa - ba - da - vay - doo - ya - da - ow.

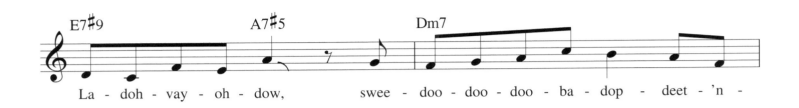

La - doh - vay - oh - dow, swee - doo - doo - doo - ba - dop - deet - 'n -

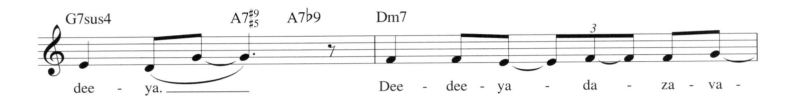

dee - ya. _____ Dee - dee - ya - da - za - va -

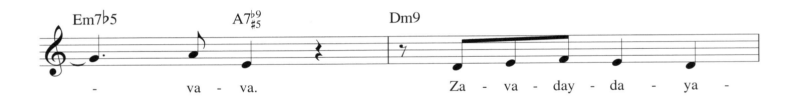

- va - va. Za - va - day - da - ya -

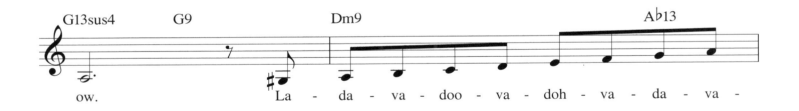

ow. La - da - va - doo - va - doh - va - da - va -

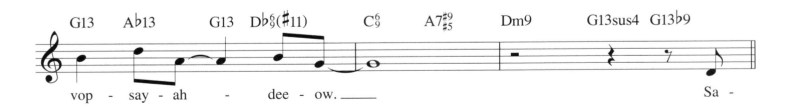

vop - say - ah - dee - ow. _____ Sa -

dee - dee - deep - deel - dee - dip, a - shoo - ba - doop. Shoo -

E7#9#5 ... A13sus4 ... A7b9#5

doo - bay - doo - boo - bwee - ya - doo - va - dop - dwee - ow, ____ swee - da -

Dm9 ... A7#9#5

doot - za - da - da, zo - da - va - doop - va - doo - ya - doo - va -

Dm7b5 ... G13b9

wee - ba - doo - ba - da - voy - oo - doo - bwee - boo - bwee - boo - dow. Say -

Cmaj13 ... Dm9 ... G13b9

dayt - 'n - day - dow, swee - blee - dow, ____

E7#9#5 ... A9 ... A9#5

sho - va - da - voo - bayt - 'n - bay - oh. ____ Stay -

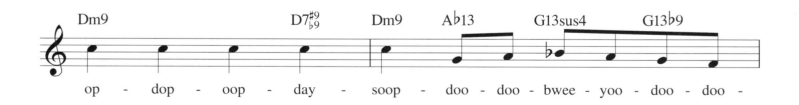

Dm9 ... D7#9b9 ... Dm9 ... Ab13 ... G13sus4 ... G13b9

op - dop - oop - day - soop - doo - doo - bwee - yoo - doo - doo -

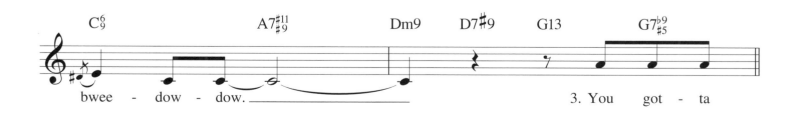

C6/9 ... A7#11#9 ... Dm9 ... D7#9 ... G13 ... G7b9#5

bwee - dow - dow. ____ 3. You got - ta

15

Verse

pack up all my care and woe, 'cause here I go sing-

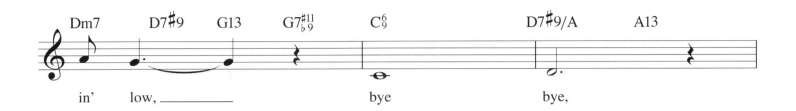

in' low, _____ bye bye,

black - bird. __ Where __ some-bod - y waits __

__ for me, __ sug - ar's sweet, _____ so is he,

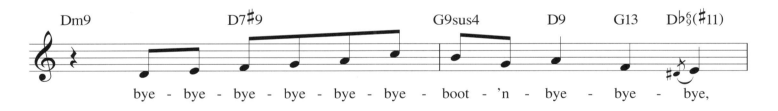

bye - bye - bye - bye - bye - bye - boot - 'n - bye - bye - bye,

Bridge

black - bird. No one here __ can __

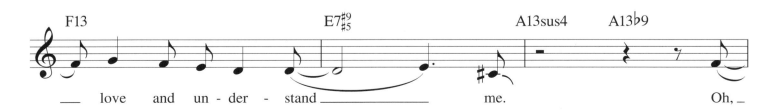

__ love and un - der - stand _____ me. Oh, __

16

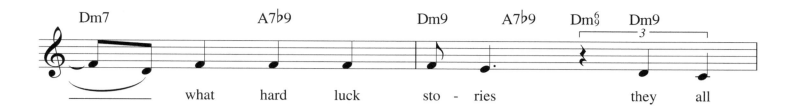

what hard luck sto - ries they all

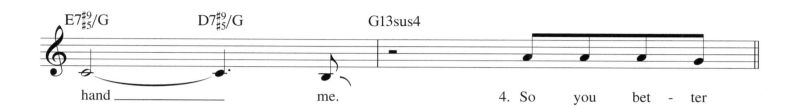

hand _____ me. 4. So you bet - ter

Verse

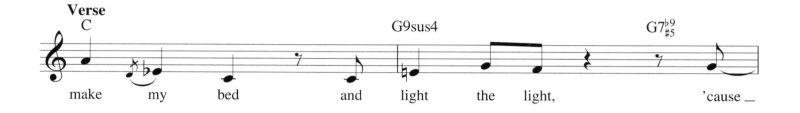

make my bed and light the light, 'cause __

__ I'll ar - rive __ late to - night. __ Black - bird, _____

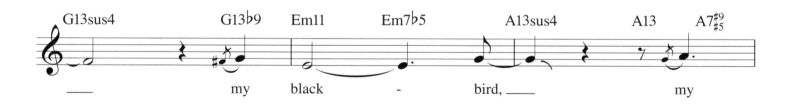

__ my black - bird, _____ my

black - bird, bye bye. _____

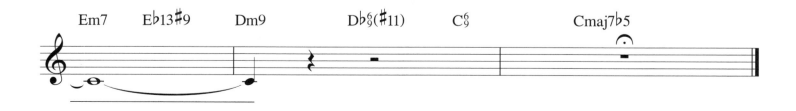

Lover Man
(Oh, Where Can you Be?)
By Jimmy Davis, Roger Ramirez and Jimmy Sherman

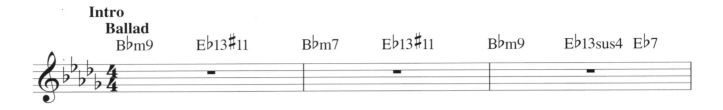

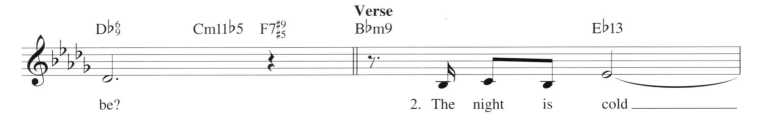

and I'm so all a - lone. I'd give my soul just

to call you my own. Got a moon a - bove me,

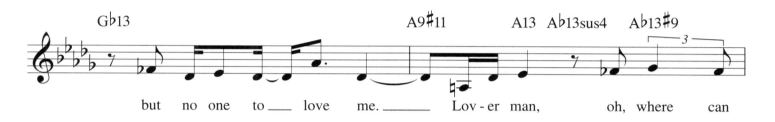

but no one to love me. Lov - er man, oh, where can

Bridge

you be? I've heard it said

that the thrill of ro - mance can be like a heav - en - ly

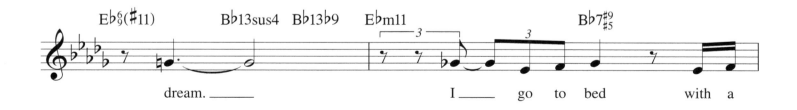

dream. I go to bed with a

prayer that you'll make love to me, strange as it

seems.   3. One __ day we'll __ meet, ____ and

you'll dry __ all __ my __ tears. _____ You'll whis - per sweet __ lit -

tle things in my __ ears. _____ Hug - gin' and __ a - kiss - in', __

oh,   what we've been __ miss - in'. __ Lov - er man, oh, __ where __ can you

be?   I've __ heard it ____ said _____

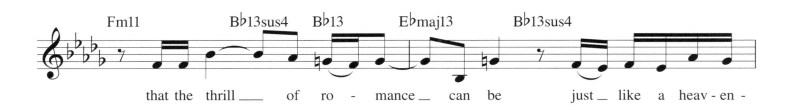

that the thrill ___ of ro - mance __ can be   just __ like a heav - en -

ly dream. __   That's why ____ I _____ go to bed   with a

prayer _____ that you'll __ make love _____ to me,

strange as __ it __ seems. __ One day we'll meet and you'll

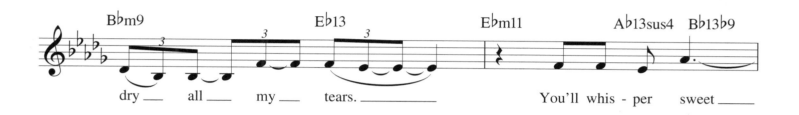

dry __ all __ my __ tears. _____ You'll whis - per sweet _____

_____ lit - tle things in __ my __ ears. __ Hug - gin' and kiss - in', _____

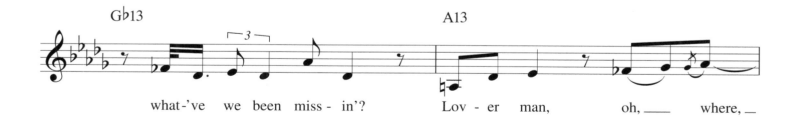

what - 've we been miss - in'? Lov - er man, oh, ___ where, __

___ where can _____ you be? _____

Lullaby of Birdland

Words by George David Weiss
Music by George Shearing

1. Lull - a - by of Bird - land, that's what I _____

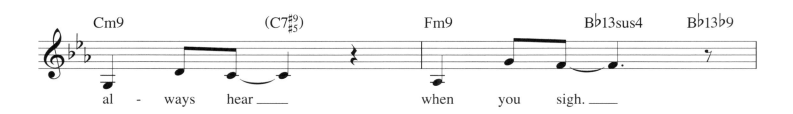

al - ways hear _____ when you sigh. _____

Nev - er in my word - land could there be ways _____ to re - veal _____

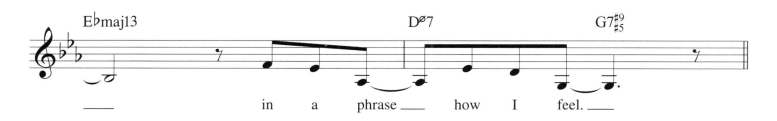

_____ in a phrase _____ how I feel. _____

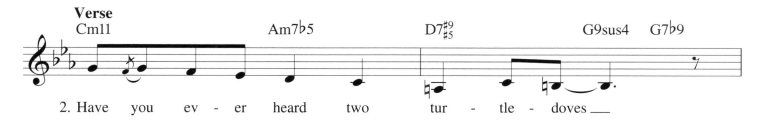

2. Have you ev - er heard two tur - tle - doves _____

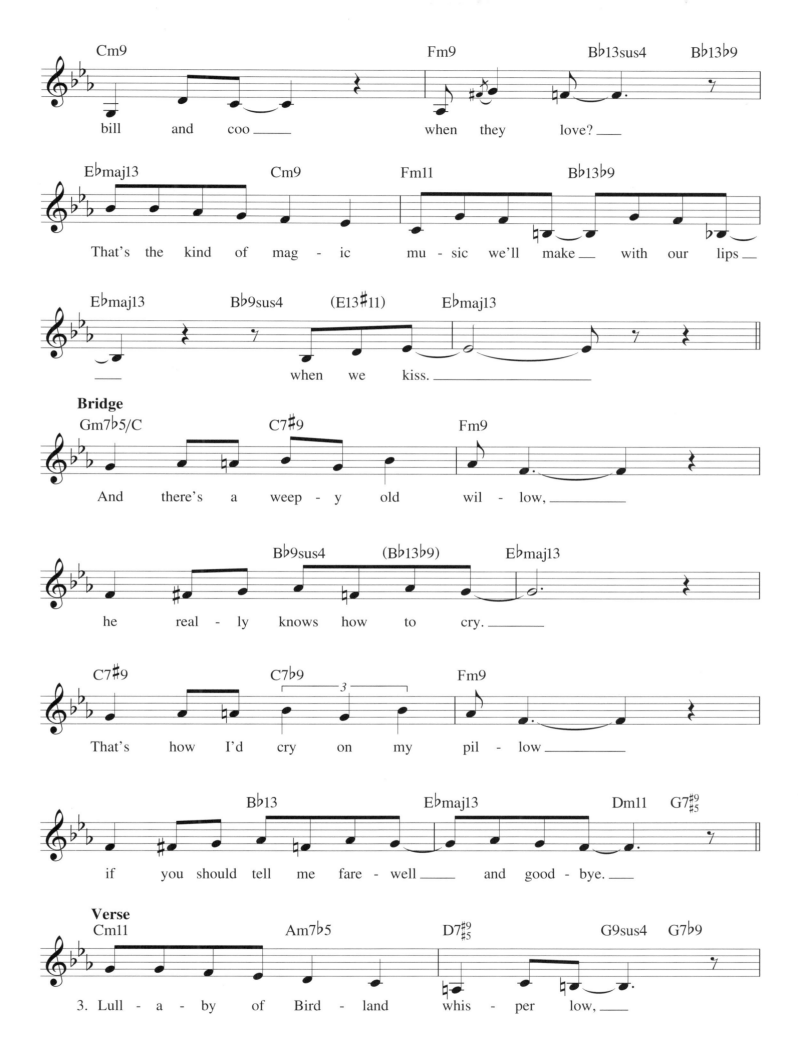

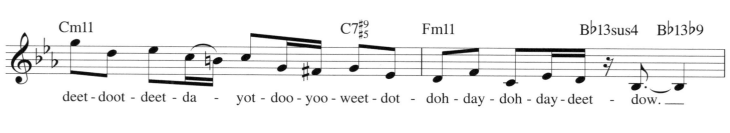

Cm11   C7#9#5   Fm11   Bb13sus4   Bb13b9

deet - doot - deet - da - yot - doo - yoo - weet - dot - doh - day - doh - day - deet - dow. __

Ebmaj13   Cm9   Fm9   Bb13sus4   Bb7b9

Sa - da - da - da - dow - da - doot - da - yay - doo - day - ee - doh - day -

Ebmaj13   Bb13sus4   Bb7b9   Ebmaj13

ay.   M - ba - da -

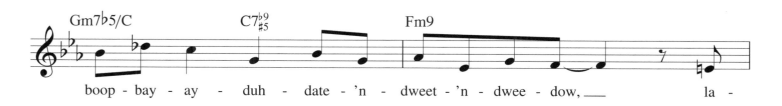

Gm7b5/C   C7b9#5   Fm9

boop - bay - ay - duh - date - 'n - dweet - 'n - dwee - dow, __ la -

Bb13#11b9   Eb6/9

da - da - doo - doo - date - day ool - ya - dop - ba - bay - boo - bay - they -

C7#9#5   C7b9   Fm11

- down - dow - dow.   Swie - dow - da - da - do - wee - ow,

Fm13   Bb13sus4   Bb13b9   Ebmaj13   D7#9#5   G13#11b9

a - sa - da - doo - da - doot - dit - dit - day - ah - da - da - dit - dot - dot - di - di - dit - da. __

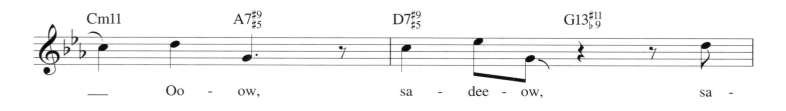

Cm11   A7#9#5   D7#9#5   G13#11b9

__ Oo - ow,   sa - dee - ow,   sa -

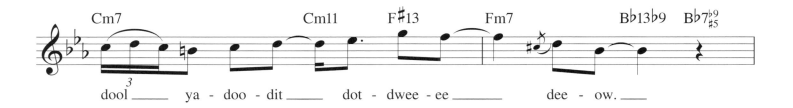

dool _____ ya - doo - dit _____ dot - dwee - ee _____ dee - ow. ____

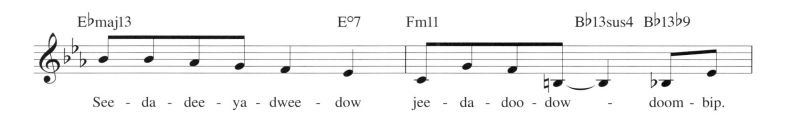

See - da - dee - ya - dwee - dow jee - da - doo - dow - doom - bip.

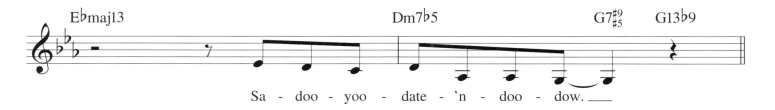

Sa - doo - yoo - date - 'n - doo - dow. ____

Verse

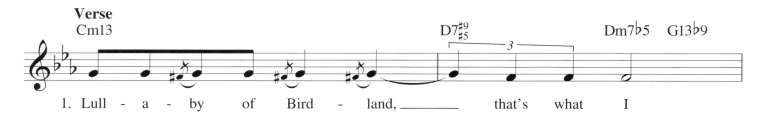

1. Lull - a - by of Bird - land, _____ that's what I

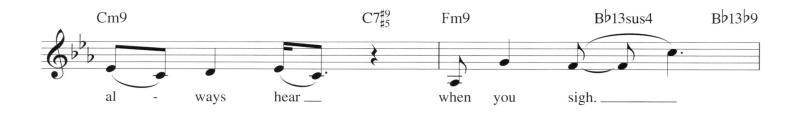

al - ways hear ___ when you sigh. _____

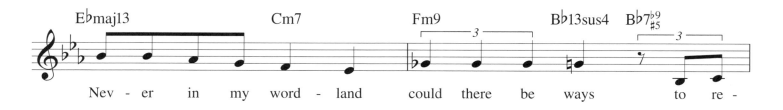

Nev - er in my word - land could there be ways to re -

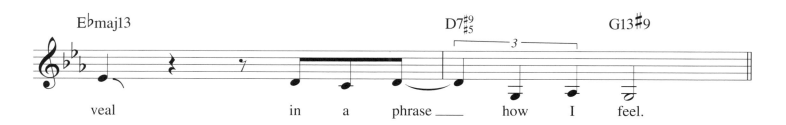

veal in a phrase ____ how I feel.

26

Verse

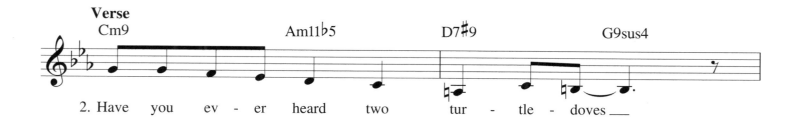

Cm9   Am11♭5   D7♯9   G9sus4

2. Have you ev - er heard two tur - tle - doves ___

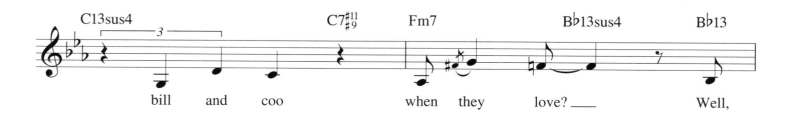

C13sus4   C7♯11♯9   Fm7   B♭13sus4   B♭13

bill and coo when they love? ___ Well,

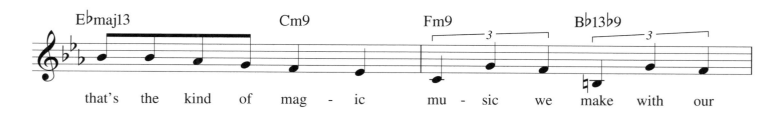

E♭maj13   Cm9   Fm9   B♭13♭9

that's the kind of mag - ic mu - sic we make with our

E♭6/9   Fm9   E13♯11   E♭6/9

lips when we kiss. ___

Bridge

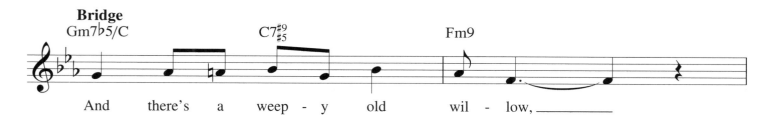

Gm7♭5/C   C7♯9♯5   Fm9

And there's a weep - y old wil - low, ___

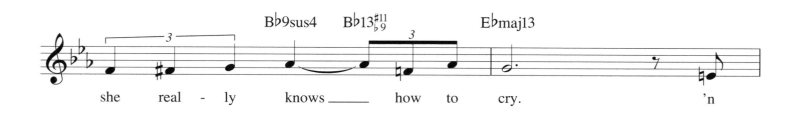

B♭9sus4   B♭13♯11♭9   E♭maj13

she real - ly knows ___ how to cry.   'n

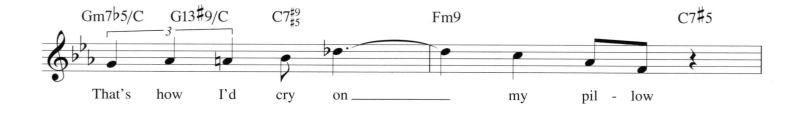

Gm7♭5/C   G13♯9/C   C7♯9♯5   Fm9   C7♯5

That's how I'd cry on ___ my pil - low

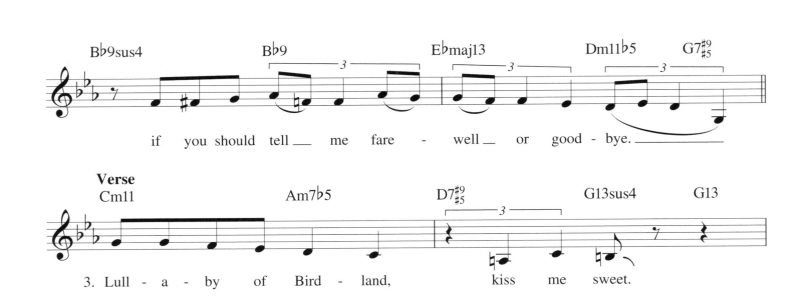

if you should tell ___ me fare - well ___ or good - bye. ___

Verse

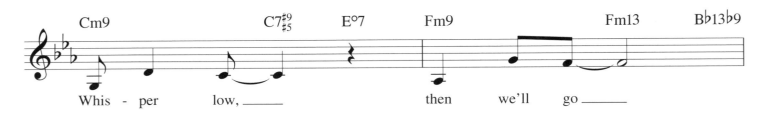

3. Lull - a - by of Bird - land, kiss me sweet.

Whis - per low, ___ then we'll go ___

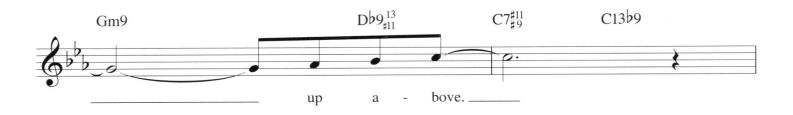

fly - ing high in Bird - land, high in the sky ___

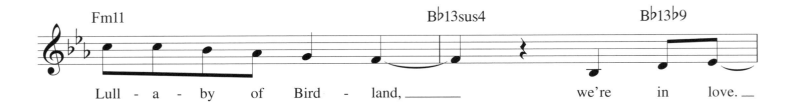

___ up a - bove. ___

Lull - a - by of Bird - land, ___ we're in love. ___

Misty

Words by Johnny Burke
Music by Erroll Garner

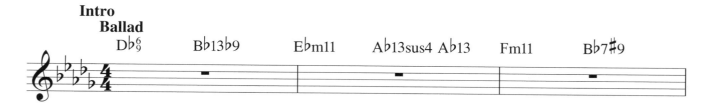

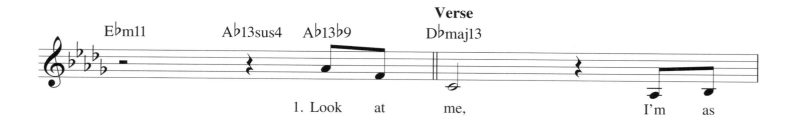

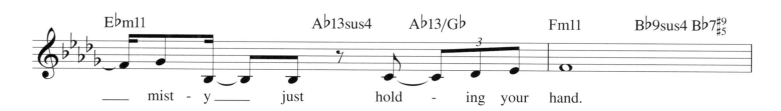

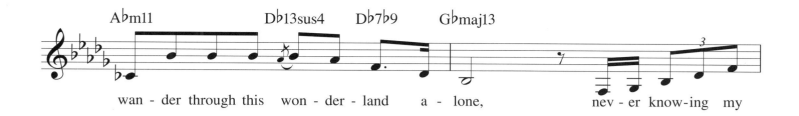

wan - der through this won - der - land a - lone, nev - er know-ing my

right foot from my left, my hat _____ from my glove? I'm too _____

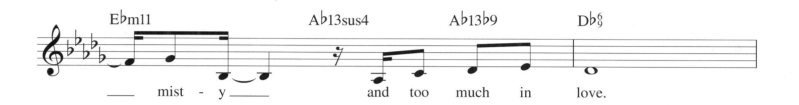

_____ mist - y _____ and too much in love.

Verse

1. Look at me,

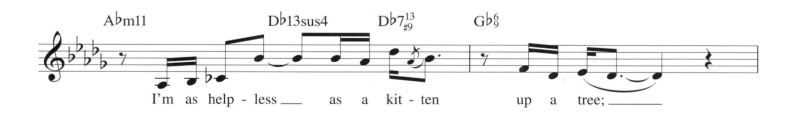

I'm as help - less _____ as a kit - ten up a tree; _____

I'm cling-ing _____ to a cloud. _____ I can't un - der - stand, _____ I

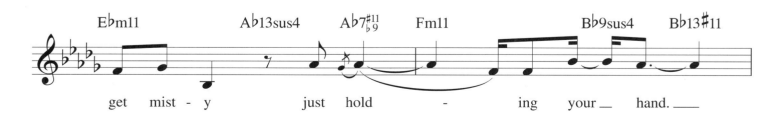

get mist - y _____ just hold - ing your _____ hand. _____

Verse

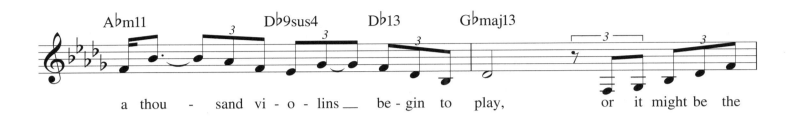

Bridge

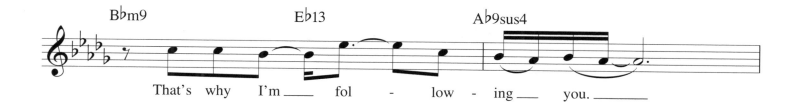

That's why I'm ____ fol - low - ing ____ you. ____

Verse

3. On ____ my ____ own ____ would I

wan - der ____ through _ this _ won - der - land ____ a - lone, nev - er know ing my

right foot from my left, my hat from my glove? I'm

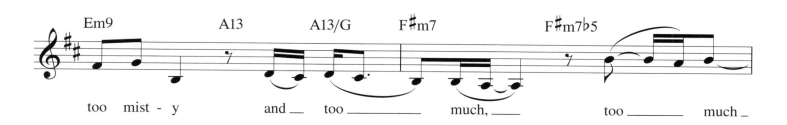

too mist - y and _ too ____ much, ____ too ____ much _

____ in _ love. ____ I'm too ____ mist - y ____ and

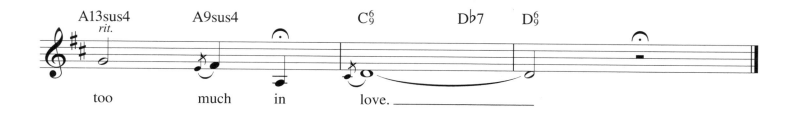

too much in love. ____

My Funny Valentine

from BABES IN ARMS

Words by Lorenz Hart
Music by Richard Rodgers

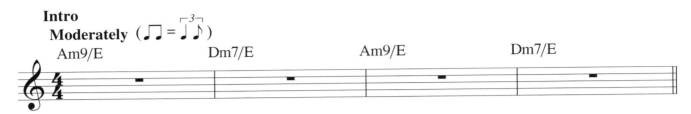

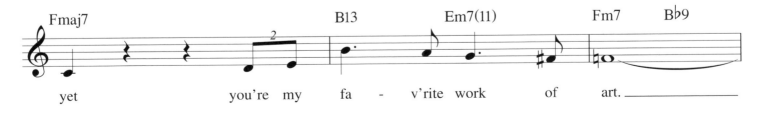

One Note Samba
(Samba De Uma Nota So)

Original Lyrics by Newton Mendonca
English Lyrics by Antonio Carlos Jobim
Music by Antonio Carlos Jobim

Intro
Fast Samba

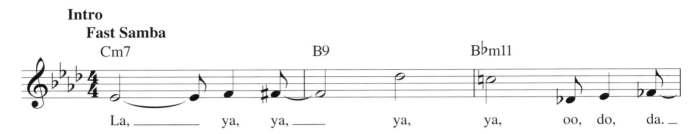

La, ___ ya, ya, ___ ya, ya, oo, do, da. ___

___ La, ___ la, la, ___ la -

ya, la, da, da. ___ This is just a lit - tle sam -

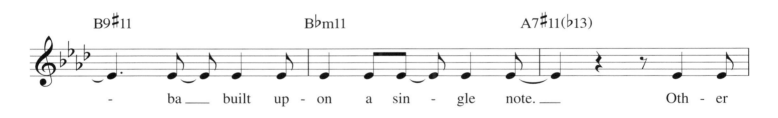

- ba ___ built up - on a sin - gle note. ___ Oth - er

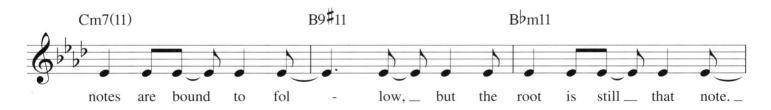

notes are bound to fol - low, ___ but the root is still ___ that note. ___

___ Now this new one is ___ the con - se - quence ___ of the

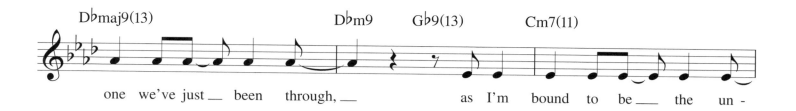

one we've just __ been through, __ as I'm bound to be __ the un -

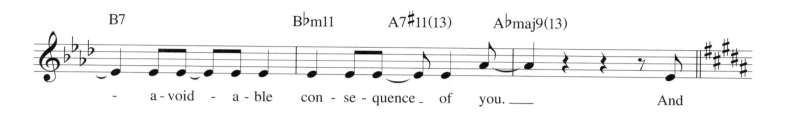

- a-void - a-ble con - se - quence __ of you. ___ And

there's so man - y peo - ple who can talk and talk and talk and just say

noth - ing ___ or near-ly noth - ing. __ I have used up all the scale I

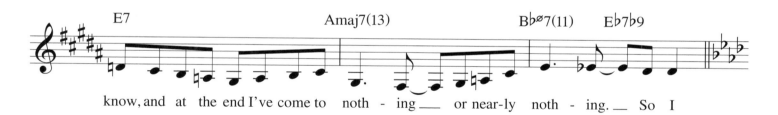

know, and at the end I've come to noth - ing ___ or near-ly noth - ing. __ So I

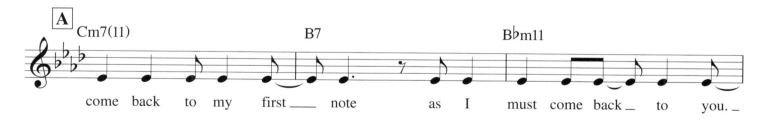

come back to my first __ note as I must come back __ to you. __

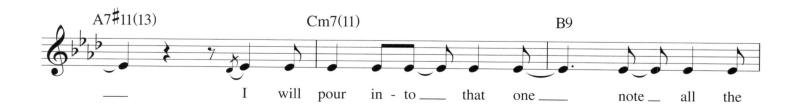

___ I will pour in - to ___ that one ___ note __ all the

love I feel _ for you. _ An - y - one who wants the whole _

_ show, re, mi, fa, sol, la, ti, do, _ he will

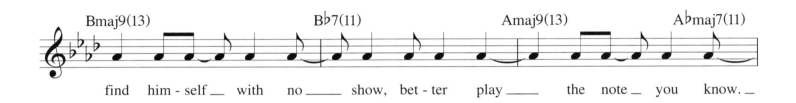

find him - self _ with no _ show, bet - ter play _ the note _ you know. _

"Scat" solo

_ La - da - dum - da - da - dum - da - da - dum,

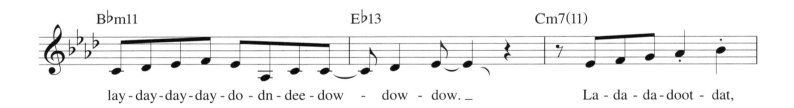

lay - day - day - day - do - dn - dee - dow - dow - dow. _ La - da - da - doot - dat,

di - ya - da - dat - doo - wee, _ za - day - oo - dow. _

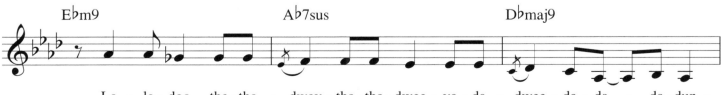

La - la - doo - tha - tha - dway - tha - tha - dwee - ya - da - dwee - da - da - da - dun -

day - dn - day - dn - dow. A - la - da - da - da - dat blee - dee - dee - dn - dee - dn -

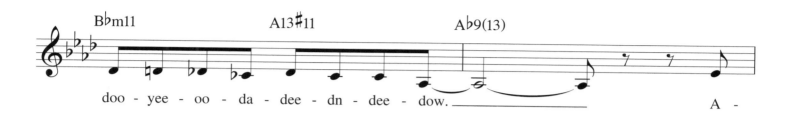

doo - yee - oo - da - dee - dn - dee - dow. _____ A -

soo - doo - doo - di - oo - i - oo - doo - doo - doo - doo - da - doo - da - doo - da - da - di -

down, day - down, dayn - down, __ day - doo - day - dow. A - sow - da - doo - da - di - doo - da -

dwee da - doo - da - doo - da - doo day - dow - day - ow, __ a - za - da - dow. __ Da - doo - doo -

deep - zoo - doop - boo - deep, zha - doo - bn - doo - bn - dwee - doo - dn - da - ba -

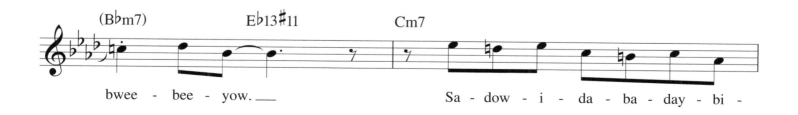

bwee - bee - yow. __ Sa - dow - i - da - ba - day - bi -

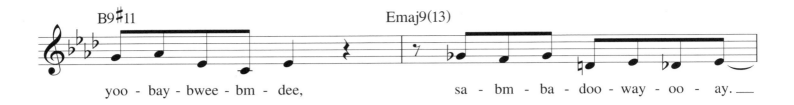

yoo - bay - bwee - bm - dee,   sa - bm - ba - doo - way - oo - ay. __

__ Sow - day - dn - dee - dow - dn - da - dee - yow. __ A-

sway - dow - dn - dee - dow - dn - dee - bee - yow. __ Say - doo - day - yoo - dn - da - dn -

dow - doo - vay. __ Say - ya - doo - dee - deh - doo - dow. __

La - dap - da - di - ya - di - yov, __

__ la - da - di - ya - doo.

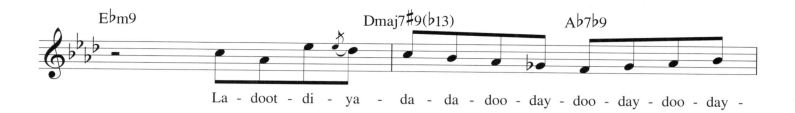

La - doot - di - ya - da - da - doo - day - doo - day - doo - day -

yoo - dn - doo - deh - da - da - con - no - do - oo - dow. __

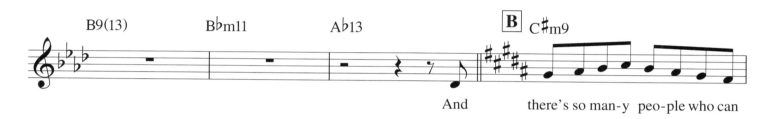

And there's so man-y peo-ple who can

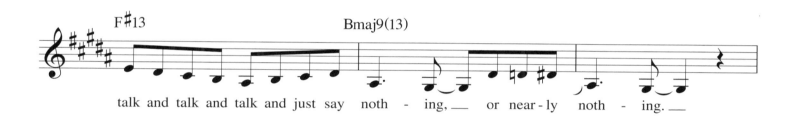

talk and talk and talk and just say noth - ing, __ or near-ly noth - ing. __

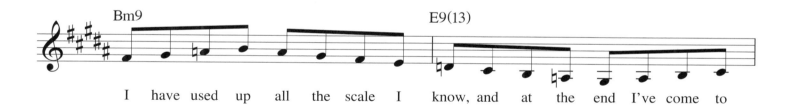

I have used up all the scale I know, and at the end I've come to

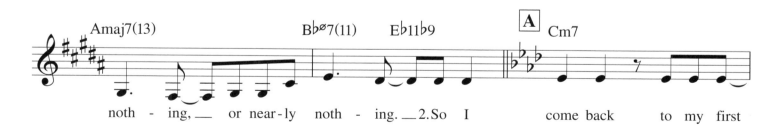

noth - ing, __ or near-ly noth - ing. __ 2.So I come back to my first

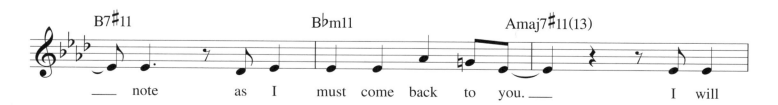

__ note as I must come back to you. __ I will

pour in - to that one note ___ all the love I feel for you. _

_____ Well, an - y - one who wants ___ the whole ___ show, re, mi,

fa, sol, la, ti, do, ___ he's gon - na find him - self with no ___

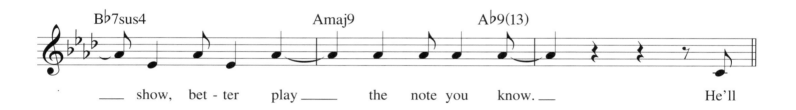

___ show, bet - ter play _____ the note you know. ___ He'll

Outro

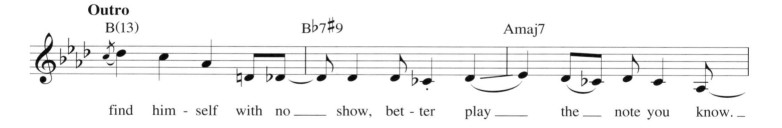

find him - self with no _____ show, bet - ter play _____ the ___ note you know. _

___ He'll find him - self with no _____

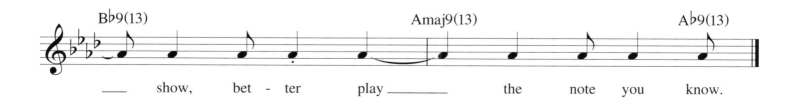

___ show, bet - ter play _____ the note you know.

Wave

Words and Music by Antonio Carlos Jobim

Intro

Moderate Bossa Nova

Verse

1. So close your eyes, _ for that's a ___ love - ly way _ to

be, a - ware _ of things _ your heart _ a - lone

was meant _ to see. ___ The fun - da - men - tal lone -

- li - ness goes _ when - ev - er two can dream a dream to - geth - er. _

Verse

2. You can't de - ny, don't try to fight the ris - ing

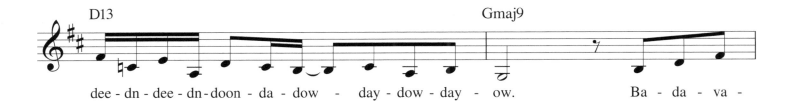

dee - dn - dee - dn - doon - da - dow - day - dow - day - ow.   Ba - da - va -

vee - ya - do - dn - dwee ya - doo - dow. ___   Zoo - vee - da - dow - ay - a -

di - yoon - vay, ___   zay - da - ya - do - da. _____   Bo - do - day - doo - doo - dwee - doo

Bridge

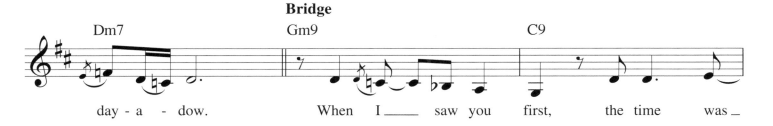

day - a - dow.   When I ___ saw you first,   the time was ___

___ half ___ past three. ___   When   your eyes

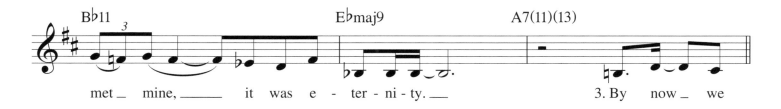

met ___ mine, _____ it was e - ter - ni - ty. ___   3. By now ___ we

Verse

know _____ the wave is on its ___ way to be.

48

Come _ catch the wave, don't _ be a - fraid _ of _ lov - ing me. _

_____ The fun - da - men - tal lone - li - ness goes _ when - ev - er

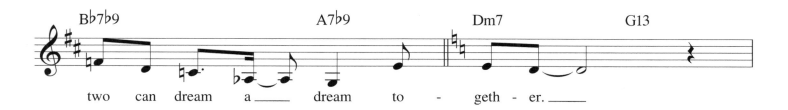

two can dream a _____ dream to - geth - er. _____

Improvisation with syllables and lyrics, over vamp

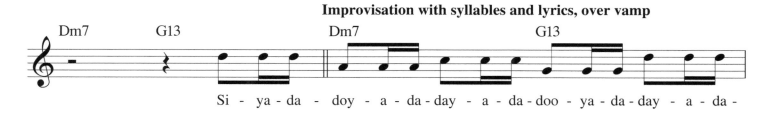

Si - ya - da - doy - a - da - day - a - da - doo - ya - da - day - a - da -

doy - a - da - day - a - do. __ Swee - doy - a - doo - doo - day - dow. ___

__ When - ev - er two __ can dream a dream, __ when - ev - er

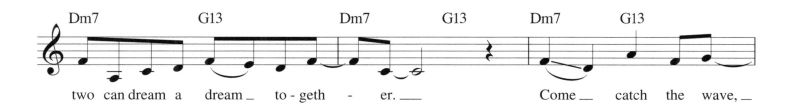

two can dream a dream _ to - geth - er. __ Come _ catch the wave, _

catch the wave with me. ___ Lay - da - doo -

day - a - day - a - dow - day - dow - day - ow. La - da-boon-day - la - oon-day - oo - doo -

vay - da - doo - dow. ___ Say-day - di - yoo - da - vay - vay-dat - di - ya - boo -

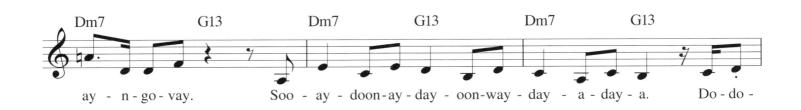

ay - n - go - vay. Soo - ay - doon-ay - day - oon-way - day - a - day - a. Do - do -

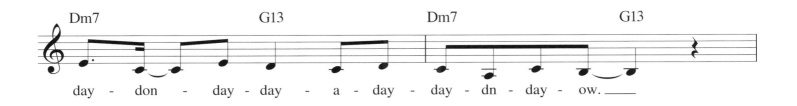

day - don - day - day - a - day - day - dn - day - ow. ___

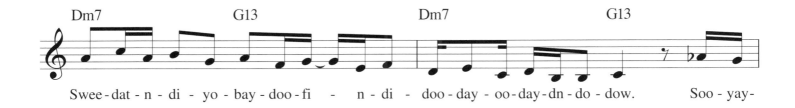

Swee-dat - n - di - yo - bay - doo - fi - n - di - doo - day - oo-day-dn - do - dow. Soo - yay-

doo - doo - doo - doo-day - oo - doo - doo - doo - day - doo - doo - doo - doo -

doo - doo - day - doo - doo - doo - day - doo - doo - doo - day - doo - dn -

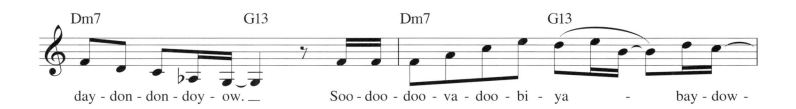

day - don - don - doy - ow. __ Soo - doo - doo - va - doo - bi - ya - bay - dow -

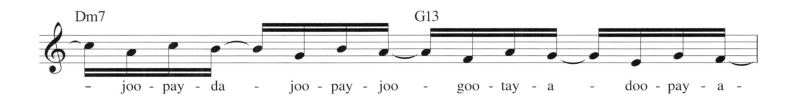

- joo - pay - da - joo - pay - joo - goo - tay - a - doo - pay - a -

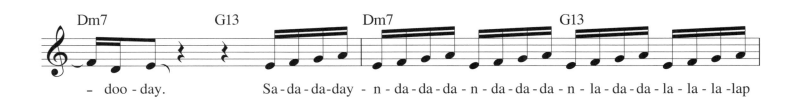

- doo - day. Sa - da - da - day - n - da - da - da - n - da - da - da - n - la - da - da - la - la - la -lap

la - la - loo - lay - lo - lo - lay - lo - lo - lay -loo -loo - lay - lay - lo - loo - lay - la - low,

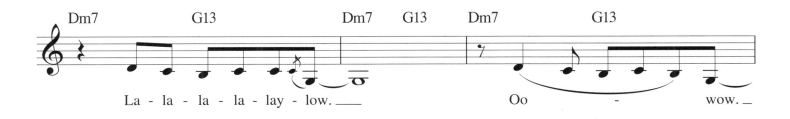

La - la - la - la - lay - low. __ Oo - wow. __

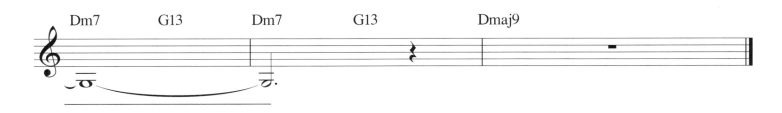

Teach Me Tonight

Words by Sammy Cahn
Music by Gene DePaul

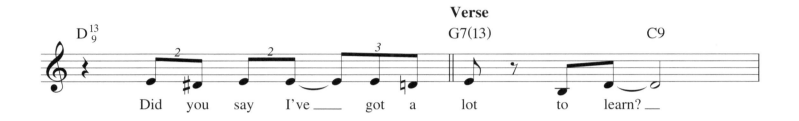

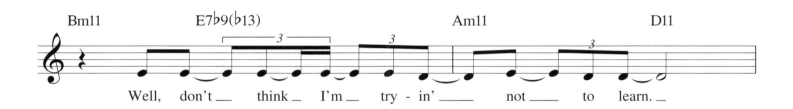

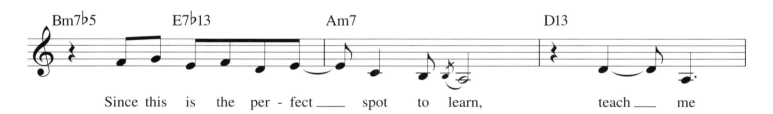

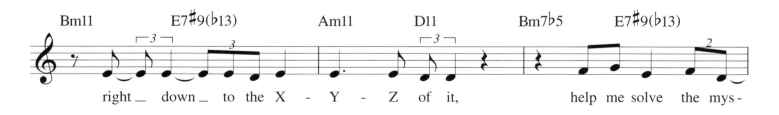

Verse

G7(13)   C9   Bm11   E7♭9   Am9   D9(13)

lot   to   learn? ___   Well, don't think I'm   try - in'   not   to   learn.

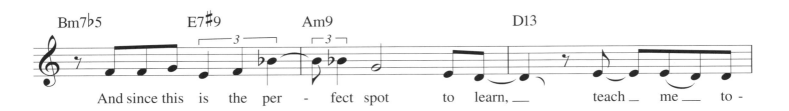

Bm7♭5   E7♯9   Am9   D13

And since this   is   the   per - fect spot   to   learn, ___   teach ___ me ___ to -

Bm7(11)   E7♯9   Am11   D13   F♯7♯11   G7(13)   C9

night.   Just   start   in   with the   A   -   B   -   C

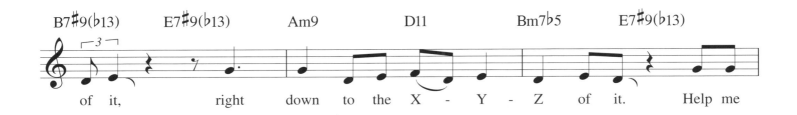

B7♯9(♭13)   E7♯9(♭13)   Am9   D11   Bm7♭5   E7♯9(♭13)

of   it,   right   down   to   the   X -   Y -   Z   of   it.   Help me

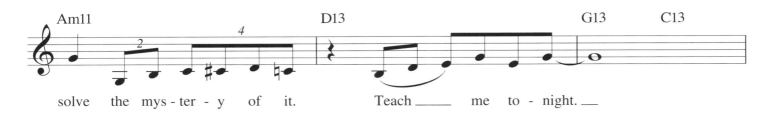

Am11   D13   G13   C13

solve   the   mys - ter - y   of   it.   Teach ___ me   to - night. ___

Bridge

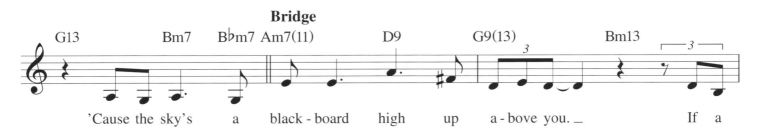

G13   Bm7   B♭m7 Am7(11)   D9   G9(13)   Bm13

'Cause the sky's   a   black - board   high   up   a - bove you. ___   If   a

Am7   D13   Gmaj9   C♯m7♭5   F♯7♭9

shoot - ing   star ___ goes by, ___   I'll   use   that   star   to   write,   "I ___

You'd Be So Nice to Come Home To

from SOMETHING TO SHOUT ABOUT

Words and Music by Cole Porter

day - dn - dee - ow. _____ Leh - do - deh - day - dn - do - deh - day - dn -

dow. La - da - da - do - day - a - dow. ____

Beh - doo - bay - doo - doo - doo - dn - dwee - doo - dee - doo - dn - dee - dow -

- doo vay - day - doo - dow. __ Za - da - yap - m -

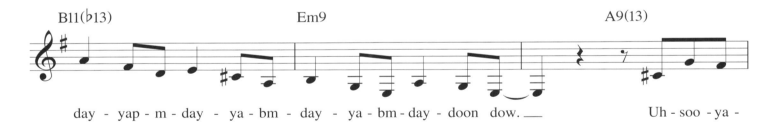

day - yap - m - day - ya - bm - day - ya - bm - day - doon dow. __ Uh - soo - ya -

doo - doo - doo - day - a - doo - doo - day - oo - doo - doo - day - dwee - dn -

day - day - ow. _____ Low - dow - dn - dow - dow -

Pro Vocal® Series
SONGBOOK & SOUND-ALIKE CD
SING 8 CHART-TOPPING SONGS WITH A PROFESSIONAL BAND

Whether you're a karaoke singer or an auditioning professional, the Pro Vocal® series is for you! Each book contains the lyrics, melody, and chord symbols for eight hit songs. The CD contains demos for listening, and separate backing tracks so you can sing along. The CD is playable on any CD player, but it is also enhanced so PC and Mac computer users can adjust the recording to any pitch without changing the tempo! Perfect for home rehearsal, parties, auditions, corporate events, and gigs without a backup band.

ELVIS PRESLEY – VOLUME 1
Blue Suede Shoes • Can't Help Falling in Love • Don't Be Cruel (To a Heart That's True) • Good Luck Charm • I Want You, I Need You, I Love You • Love Me • (Let Me Be Your) Teddy Bear • Treat Me Nice.
00740333 ....$14.95

BROADWAY SONGS
WOMEN'S EDITION
A Change in Me (Beauty and the Beast) • I Can Hear the Bells (Hairspray) • Memory (Cats) • On My Own (Les Misérables) • Someone like You (Jekyll & Hyde) • There Are Worse Things I Could Do (Grease) • Without You (Rent).
00740247 ....$14.95

MEN'S EDITION
Alone at the Drive-In Movie (Grease) • Any Dream Will Do (Joseph and the Amazing Technicolor® Dreamcoat) • Bring Him Home (Les Misérables) • Elaborate Lives (Aida) • Seasons of Love (Rent) • They Live in You (Disney Presents The Lion King: The Broadway Musical) • This Is the Moment (Jekyll & Hyde) • Why God Why? (Miss Saigon).
00740248 ....$14.95

CHRISTMAS STANDARDS
Each song is in the style of the artist listed.

WOMEN'S EDITION
Frosty the Snow Man (Patti Page) • Let It Snow! Let It Snow! Let It Snow! (Lena Horne) • Merry Christmas, Darling (Carpenters) • My Favorite Things (Barbra Streisand) • Rockin' Around the Christmas Tree (Brenda Lee) • Rudolph the Red-Nosed Reindeer (Ella Fitzgerald) • Santa Baby (Eartha Kitt) • Santa Claus Is Comin' to Town (The Andrews Sisters).
00740299 ....$12.95

MEN'S EDITION
Blue Christmas (Elvis Presley) • The Christmas Song (Chestnuts Roasting on an Open Fire) (Nat King Cole) • The Christmas Waltz (Frank Sinatra) • Here Comes Santa Claus (Right down Santa Claus Lane) (Gene Autry) • There's No Place Like) Home for the Holidays (Perry Como) • I'll Be Home for Christmas (Bing Crosby) • Let It Snow! Let It Snow! Let It Snow! (Vaughn Monroe) • Silver Bells (Ray Coniff).
00740298 ....$14.95

CONTEMPORARY HITS
WOMEN'S EDITION
Beautiful (Christina Aguilera) • Breathe (Faith Hill) • Complicated (Avril Lavigne) • Don't Know Why (Norah Jones) • Fallin' (Alicia Keys) • The Game of Love (Santana feat. Michelle Branch) • I Hope You Dance (Lee Ann Womack with Sons of the Desert) • My Heart Will Go On (Celine Dion).
00740246 ....$14.95

MEN'S EDITION
Drive (Incubus) • Drops of Jupiter (Tell Me) (Train) • Fly Away (Lenny Kravitz) • Hanging by a Moment (Lifehouse) • Iris (Goo Goo Dolls) • Smooth (Santana feat. Rob Thomas) • 3 AM (Matchbox 20) • Wherever You Will Go (The Calling).
00740251 ....$14.95

DISCO FEVER
WOMEN'S EDITION
Boogie Oogie Oogie (A Taste of Honey) • Funkytown (Lipps Inc.) • Hot Stuff (Donna Summer) • I Will Survive (Gloria Gaynor) • It's Raining Men (The Weather Girls) • Le Freak (Chic) • Turn the Beat Around (Vicki Sue Robinson) • We Are Family (Sister Sledge).
00740281 ....$12.95

MEN'S EDITION
Boogie Fever (The Sylvers) • Da Ya Think I'm Sexy (Rod Stewart) • Get Down Tonight (KC and the Sunshine Band) • Love Rollercoaster (Ohio Players) • Stayin' Alive (The Bee Gees) • Super Freak (Rick James) • That's the Way (I Like It) (KC and the Sunshine Band) • Y.M.C.A. (Village People).
00740282 ....$12.95

'80s GOLD
WOMEN'S EDITION
Call Me (Blondie) • Flashdance ... What a Feeling (Irene Cara) • Girls Just Want to Have Fun (Cyndi Lauper) • How Will I Know (Whitney Houston) • Material Girl (Madonna) • Mickey (Toni Basil) • Straight Up (Paula Abdul) • Walking on Sunshine (Katrina and the Waves).
00740277 ....$12.95

MEN'S EDITION
Every Breath You Take (The Police) • Heart and Soul (Huey Lewis) • Hurts So Good (John "Cougar") • It's Still Rock and Roll to Me (Billy Joel) • Jessie's Girl (Rick Springfield) • Maneater (Hall & Oates) • Summer of '69 (Bryan Adams) • You Give Love a Bad Name (Bon Jovi).
00740278 ....$12.95

JAZZ STANDARDS
Great jazz classics, each in the style of the artist listed.

WOMEN'S EDITION
Bye Bye Blackbird (Carmen McRae) • Come Rain or Come Shine (Judy Garland) • Fever (Peggy Lee) • The Girl from Ipanema (Astrud Gilberto) • Lullaby of Birdland (Ella Fitzgerald) • My Funny Valentine (Sarah Vaughan) • Stormy Weather (Keeps Rainin' All the Time) (Lena Horne) • Tenderly (Rosemary Clooney).
00740249 ....$14.95

MEN'S EDITION
Ain't Misbehavin' (Louis Armstrong) • Don't Get Around Much Anymore (Tony Bennett) • Fly Me to the Moon (In Other Words) (Frank Sinatra) • Georgia on My Mind (Ray Charles) • I've Got You Under My Skin (Mel Torme) • Misty (Johnny Mathis) • My One and Only Love (Johnny Hartman) • Route 66 (Nat King Cole).
00740250 ....$14.95

Prices, contents, & availability subject to change without notice.

R&B SUPER HITS
WOMEN'S EDITION
Baby Love (The Supremes) • Dancing in the Street (Martha & The Vandellas) • I'm So Excited (Pointer Sisters) • Lady Marmalade (Patty LaBelle) • Midnight Train to Georgia (Gladys Knight & The Pips) • Rescue Me (Fontella Bass) • Respect (Aretha Franklin) • What's Love Got to Do with It (Tina Turner).
00740279 ....$12.95

MEN'S EDITION
Brick House (Commodores) • I Can't Help Myself (Sugar Pie, Honey Bunch) (The Four Tops) • I Got You (I Feel Good) (James Brown) • In the Midnight Hour (Wilson Pickett) • Let's Get It On (Marvin Gaye) • My Girl (The Temptations) • Shining Star (Earth, Wind & Fire) • Superstition (Stevie Wonder).
00740280 ....$12.95

WEDDING GEMS
WOMEN'S EDITION
Grow Old with Me (Mary Chapin Carpenter) • How Beautiful (Twila Paris) • The Power of Love (Celine Dion) • Save the Best for Last (Vanessa Williams) • We've Only Just Begun (Carpenters) • When You Say Nothing at All (Alison Krauss & Union Station) • You Light up My Life (Debby Boone) • You Needed Me (Anne Murray).
00740309 Book/CD Pack $12.95

MEN'S EDITION
Back at One (Brian McKnight) • Butterfly Kisses (Bob Carlisle) • Here and Now (Luther Vandross) • I Will Be Here (Steven Curtis Chapman) • In My Life (The Beatles) • The Keeper of the Stars (Tracy Byrd) • Longer (Dan Fogelberg) • You Raise Me Up (Josh Groban).
00740310 Book/CD Pack $12.95

DUETS EDITION
Don't Know Much (Aaron Neville & Linda Ronstadt) • Endless Love (Diana Ross & Lionel Richie) • From This Moment On (Shania Twain & Bryan White) • I Finally Found Someone (Barbra Streisand & Bryan Adams) • I Pledge My Love (Peaches & Herb) • Nobody Loves Me like You Do (Anne Murray & Dave Loggins) • Tonight, I Celebrate My Love (Peabo Bryson & Roberta Flack) • Up Where We Belong (Joe Cocker & Jennifer Warnes).
00740311 ....$12.95

ANDREW LLOYD WEBBER
WOMEN'S EDITION
All I Ask of You • As If We Never Said Goodbye • Don't Cry for Me Argentina • I Don't Know How to Love Him • Memory • Unexpected Song • Wishing You Were Somehow Here Again • With One Look.
00740348 ....$14.95

MEN'S EDITION
All I Ask of You • Any Dream Will Do • I Only Want to Say (Gethsemane) • Love Changes Everything • Memory • The Music of the Night • No Matter What • On This Night of a Thousand Stars.
00740349 ....$14.95

Visit Hal Leonard online at www.halleonard.com